Inhalt

Im Rahmen der laufenden Koalitionsverhandlungen - die Finanz-, Wirtschafts-, Arbeitsmarkt- und Sozialpolitik (November 2005)

Kernthesen

Beitrag

Fallbeispiele

Weiterführende Literatur

Impressum

GENIOS WirtschaftsWissen Nr. 11/2005 vom 11.11.2005

Im Rahmen der laufenden Koalitionsverhandlungen - die Finanz-, Wirtschafts-, Arbeitsmarkt- und Sozialpolitik (November 2005)

M.Sydow

Kernthesen

- Zur Haushaltskonsolidierung sind die Erhöhung der Mehrwertsteuer und die

Einführung einer Reichensteuer sowie weitreichende Ausgabenkürzungen geplant. (1), (2), (8)
- Investitionen sollen für Handwerk und Mittelstand steuerlich erleichtert werden und bürokratische Hemmnisse sollen abgebaut werden. (4), (10)
- Das Rentenalter soll auf 65 Jahre steigen; Strukturreformen in der Krankenversicherung werden aufgeschoben. (7), (11)

Beitrag

Die Koalitionsverhandlungen von Union und SPD haben vor einigen Wochen begonnen. Beide Parteien versuchen einen Konsens in Bezug auf die Finanz-, Wirtschafts-, Arbeitsmarkt- und Sozialpolitik zu finden, um für die große Koalition eine geeignete Regierungsgrundlage festzulegen. (1)

Finanzpolitik

In einem Punkt sind sich Union und SPD einig: Das Haushaltsloch von 35 bis 70 Milliarden Euro muss gestopft werden die offene Frage bleibt nur, wie Geld gespart werden kann. Im Gespräch ist die Erhöhung der Mehrwertsteuer um vier Prozentpunkte. Da eine höhere Mehrwertsteuer breite Bevölkerungsschichten belasten würde, wird von der SPD als Äquivalent auch eine Besteuerung vermögender Mitbürger gefordert. Jedoch ist bis jetzt weder von Seiten der Union noch von Seiten der SPD eine konkrete Aussage dazu gemacht worden. Schließlich werden nach wie vor Bedenken geäußert, dass durch eine Erhöhung der Mehrwertsteuer die Konjunktur zu sehr behindert werden könnte. (1), (2), (8)

Die Arbeitsgruppe Finanzen hat bis jetzt Kürzungen von acht Milliarden Euro beschlossen. Im Bereich der Sozialausgaben sollen sechs Milliarden Euro eingespart werden: Bei den Hartz IV-Empfängern, also denjenigen, die langfristig arbeitslos gemeldet sind, sind Einsparungen in Höhe von vier Milliarden Euro beabsichtigt. Außerdem wird die geplante Bezuschussung der gesetzlichen Krankenkassen gestrichen, was eine Einsparung von 1,7 Milliarden Euro ausmachen würde. Hinzu kommt noch eine Kürzung der Verwaltungs- und Personalausgaben des Bundes um zwei Milliarden Euro in Form von einer Senkung des Weihnachtsgeldes für Beamte und Pensionäre. (2)

In weiteren Fragen der Steuerpolitik hingegen finden Union und SPD langsam einen Konsens: Die

Abschreibungsbedingungen sollen für zwei Jahre erleichtert werden, um mehr Investitionen zu fördern. Ab 2008 soll die Unternehmenssteuer reformiert werden mit dem Ziel, dass Kapitalgesellschaften und Personenunternehmen denselben Steueraufwand aufbringen müssen. Der stellvertretende SPD-Fraktionsvorsitzende Poß hingegen würde bis zur Unternehmenssteuerreform im Jahr 2008 eine Senkung der Körperschaftssteuer und gleichzeitig eine höhere Anrechnung der Gewerbesteuer bevorzugen. Ziel ist jedoch, dass die neuen Steuersätze auf jeden Fall im internationalen Vergleich standhalten können. (3), (9)

Wirtschaftspolitik

Das gemeinsame wirtschaftspolitische Ziel der Koalition ist neues Wachstum und mehr Beschäftigung für Deutschland. Dieses soll durch ausgewogenes Sparen, Reformieren und Investieren erreicht werden. Die Arbeitsgruppe Wirtschaft plädiert für erleichterte Abschreibungsmöglichkeiten für Betriebe und mehr staatliche Unterstützung für Forschung und Entwicklung. Insbesondere kleine und mittlere Unternehmen sollen leichter Rücklagen für Investitionen bilden können.

Außerdem soll die Wirtschaft durch Bürokratieabbau entlastet werden: Einerseits erwarten Kleingewerbetreibende und Existenzgründer eine gelockerte Buchhaltungspflicht, andererseits wird die statistische Meldepflicht für kleine Unternehmen aufgehoben. Zusätzlich will der Bund alle Verwaltungsvorschriften in den nächsten drei Jahren auf ihren Nutzen hin überprüfen.

Die Handwerker sollen subventioniert werden durch eine limitierte steuerliche Anrechenbarkeit von Rechnungen. Zudem will der Bund auch außenwirtschaftliche Aktivitäten durch Investitionsgarantien fördern. Das strittigste Thema in der Arbeitsgruppe Wirtschaft zwischen Union und SPD ist sicherlich die Energie: Die SPD will Kernkraftwerke, wie bereits 2002 beschlossen, schließen, die Union jedoch ihre Laufzeit verlängern. (4), (10)

Arbeitsmarkt

SPD und Union vertreten hinsichtlich der Arbeitsmarktpolitik nur wenige gemeinsame Ansichten - wie beispielsweise, dass die Regelsätze für das Arbeitslosengeld II überdacht werden müssten und dass im Bereich der Bundesagentur für Arbeit die Personal-Service-Agenturen, die Ich-AGs und die Altersteilzeit abgeschafft werden sollten.

Die Koalitionsverhandlungen in Bezug auf die Arbeitsmarktpolitik sind daher sehr durchwachsen. Die beiden Parteien debattieren noch heftig über einige wichtige Kernfragen: Beispielsweise inwiefern das Hartz IV-Gesetz korrigiert werden soll, um gegen einen Missbrauch härter angehen zu können oder wie die Eingliederung älterer Arbeitsloser verstärkt gefördert werden kann bzw. ob ältere Menschen länger Arbeitslosengeld I beziehen können.

Auch der Kündigungsschutz ist ein umstrittenes Thema: Die Union will ihn auflockern - im Gegensatz zur SPD, die an ihm festhält. Die beiden Parteien scheinen sich in diesem Punkt jedoch darauf zu einigen, dass die Modalitäten für die Gewährung von Abfindungen bei Neueinstellungen zu vereinfachen sind. Uneinig sind sich Union und SPD allerdings über die betrieblichen Bündnisse für Arbeit, welche für die SPD im Gegensatz zur Union eine Sache der Tarifvertragsparteien sind. (5), (11)

Rentenpolitik

Konsens besteht zwischen Union und SPD bei der

Unterstützung der privaten Altersvorsorge von Familien: Eltern, die eine Riester-Rente abgeschlossen haben, sollen für ihre Kinder höhere Zulagen bekommen.

SPD und Union haben zudem beschlossen, dass das Rentenalter auf 67 Jahre heraufgesetzt wird. Übergangsweise sollen diejenigen Versicherten, die mit 65 Jahren bereits 45 Jahre in die Rentenkasse einbezahlt haben, auch mit 65 Jahren in Rente gehen können, ohne irgendwelche Abzüge ihrer Rente befürchten zu müssen.

Noch nicht ganz klar ist, ob die Bezuschussung des Bundes zur Rente um zwei bis drei Milliarden Euro erhöht wird, was eine Beitragssatzerhöhung oder eine Rentenkürzung verhindern würde. Einer solchen Entscheidung steht die Forderung der Finanzarbeitsgruppe im Wege, die bei den Rentenausgaben des Bundes einsparen will, da diese jährlich bereits einen Posten von 80 Milliarden Euro einnehmen. Sie fordert, dass Rentner anstatt 50 Prozent 80 Prozent ihrer Krankenversicherungsbeiträge leisten sollten, was für den Bund eine Einsparung von acht Milliarden Euro und für die Rentner eine enorme Kürzung ihrer Rente bedeuten würde. (7), (11)

Gesundheitspolitik

Die beiden Parteien stimmen in der Gesundheitspolitik nur in wenigen Fragen überein: Einerseits soll die Entlastung der Kassen durch Einsparungen bei Arzneimitteln erreicht werden, andererseits soll verstärkt das Gesundheitsmodernisierungsgesetz von 2003 zur Anwendung kommen. Insbesondere ist aber die Frage noch offen, ob die Struktur der gesetzlichen Krankenversicherung in eine Bürgerversicherung oder in eine Versicherung nach dem Kopfpauschalenmodell transformiert werden soll.

Langfristige Änderungen des Krankenkassensystems, wie die Erhöhung der Versicherungspflichtgrenze von 3900 Euro auf 5200 Euro Monatseinkommen, und somit die Erschwerung des Wechsels von Arbeitnehmern in die private Krankenversicherung, sind zudem strittige Punkte. Das Bestreben der CSU, einen zahlenmäßig festgelegten Arbeitgeberanteil an der gesetzlichen Krankenversicherung durchzusetzen, wäre ebenfalls eine langfristige strukturelle Veränderung, die als Konsequenz nach sich ziehen würde, dass jegliche Steigerungen des Beitragsatzes von den Angestellten alleine gezahlt werden müsste. (6)

Fallbeispiele

Weiterführende Literatur

(1) "Wir sind durch - wir sind fertig"
aus Frankfurter Allgemeine Zeitung, 03.11.2005, Nr. 256, S. 4

(2) Union und SPD ringen mit dem Haushalt
aus Frankfurter Allgemeine Zeitung, 05.11.2005, Nr. 258, S. 1

(3) Kein Beschluß zur Mehrwertsteuer
aus Frankfurter Allgemeine Zeitung, 03.11.2005, Nr. 256, S. 4

(4) Bessere Bedingungen für Abschreibungen
aus Frankfurter Allgemeine Zeitung, 03.11.2005, Nr. 256, S. 4

(5) Korrekturen an Hartz IV umstritten
aus Frankfurter Allgemeine Zeitung, 03.11.2005, Nr. 256, S. 4

(6) Sparen bei den Arzneimitteln
aus Frankfurter Allgemeine Zeitung, 03.11.2005, Nr.

256, S. 4

(7) Rentenalter wird heraufgesetzt
aus Frankfurter Allgemeine Zeitung, 03.11.2005, Nr. 256, S. 4

(8) Ein Versprechen ohne Wert
aus Süddeutsche Zeitung, 05.11.2005, Ausgabe Deutschland, S. 2

(9) Kritik an schwarz-roten Etatplänen wächst Ökonomen warnen vor Steuererhöhungen zur Budgetsanierung · Hauruck-Kurs droht in neuen Schulden zu enden
aus Financial Times Deutschland vom 04.11.2005, Seite 20

(10) SPD beharrt auf Atomkonsens Auch wenn interessierte Kreise anderes behaupten Die SPD will die große Koalition nur mit dem beschlossenen Ausstieg aus der Atomenergie - und zwar unverändert. Umwelt- und Anti-Atom-Gruppen rufen heute zu Protestdemo nach Lüneburg
aus taz, 05.11.2005, S. 8

(11) Da schwappt die Koalition Rente mit 67, Steuern hoch, Kündigungsschutz weg Die Koalitionsverhandlungen zwischen SPD und CDU ergeben jeden Tag eine neue schlechte Nachricht. Warum bleibt die öffentliche Empörung aus?
aus taz, 05.11.2005, S. 18

Impressum

Im Rahmen der laufenden Koalitionsverhandlungen - die Finanz-, Wirtschafts-, Arbeitsmarkt- und Sozialpolitik (November 2005)

Bibliografische Information der deutschen Nationalbibliothek

Die Deutsche Nationalbibliothek verzeichnet diese Publikation in der deutschen Nationalbibliografie; detaillierte bibliografische Daten sind im Internet über http://dnb.d-nb.de abrufbar.

ISBN: 978-3-7379-1610-3

© 2015 GBI-Genios Deutsche Wirtschaftsdatenbank GmbH, Freischützstraße 96, 81927 München, www.genios.de

Alle Rechte vorbehalten. Dieses Werk ist einschließlich aller seiner Teile – z.B. Texte, Tabellen und Grafiken - urheberrechtlich geschützt. Jede Verwertung außerhalb der Grenzen des Urheberrechtsgesetzes bedarf der vorherigen

Zustimmung des Verlags. Dies gilt insbesondere auch für auszugsweise Nachdrucke, fotomechanische Vervielfältigungen (Fotokopie/Mikroskopie), Übersetzungen, Auswertungen durch Datenbanken oder ähnliche Einrichtungen und die Einspeicherung und Verarbeitung in elektronischen Systemen.